AF451732

NOUVEAU GUIDE ILLUSTRÉ

DE

L'IMPRIMERIE

DE LA LIBRAIRIE ET DE LA PAPETERIE

INDISPENSABLE

AUX AUTEURS, AU COMMERCE ET AUX CURIEUX

PAR J.-B. MUNIER

Prix : 1 franc

PARIS

C. MARPON ET E. FLAMMARION

ÉDITEURS

26, RUE RACINE, PRÈS L'ODÉON

NOUVEAU GUIDE ILLUSTRÉ

DE L'IMPRIMERIE

DE LA LIBRAIRIE ET DE LA PAPETERIE

NOUVEAU GUIDE ILLUSTRÉ

DE

L'IMPRIMERIE

DE LA LIBRAIRIE ET DE LA PAPETERIE

INDISPENSABLE

AUX AUTEURS, AU COMMERCE ET AUX CURIEUX

PAR J.-B. MUNIER

PARIS

C. MARPON ET E. FLAMMARION

ÉDITEURS

26, RUE RACINE, PRÈS L'ODÉON

OPINION

DES

JOURNAUX FRANÇAIS ET ÉTRANGERS

SUR LE GUIDE ILLUSTRÉ

DE L'IMPRIMERIE, DE LA LIBRAIRIE

ET DE LA PAPETERIE

Ce petit recueil contient beaucoup de renseignements utiles. Il initie les curieux au travail des imprimeries et des papeteries, et leur donne des notions sur le clichage et la galvanoplastie; il apprend aux auteurs à se rendre compte de la quantité de papier nécessaire à un livre, à un prospectus; il indique les tarifs de tirage, glaçage, reliure et brochage; il leur enseigne la manière de marquer les corrections et d'éviter des frais inutiles, ainsi que les prescriptions légales auxquelles ils sont soumis. Toutes ces questions, exposées clairement, simplement, par un homme du métier, font de ce guide un livre pratique et utile à consulter.

BUT DE CE GUIDE

J'offre ici un petit recueil des observations que j'ai faites et des connaissances pratiques que j'ai acquises pendant quinze années passées dans une des principales imprimeries de Paris. Bien des fois je me suis vu questionné sur le travail de l'imprimerie, sur la quantité de papier nécessaire pour un tirage, sur le poids de la rame et de la feuille, sur le prix que coûterait le papier d'un tirage à tant d'exemplaires, sur les dimensions des papiers, leurs sortes, leurs qualités, etc. Toutes ces questions m'ont donné à penser qu'un petit recueil exposant simplement et avec méthode ces quelques connaissances serait utile à ceux qui, comme moi, n'ont de société que le travail, afin de se le rendre, si c'est possible, moins pénible et moins matériel.

Si je suis parvenu, par cette modeste publication, à
faciliter la tâche de chefs d'industrie qui nous font tra-
vailler et d'auteurs étrangers à ces questions, je m'esti-
merai heureux d'avoir pu faire un peu de bien, et toute
mon ambition sera satisfaite.

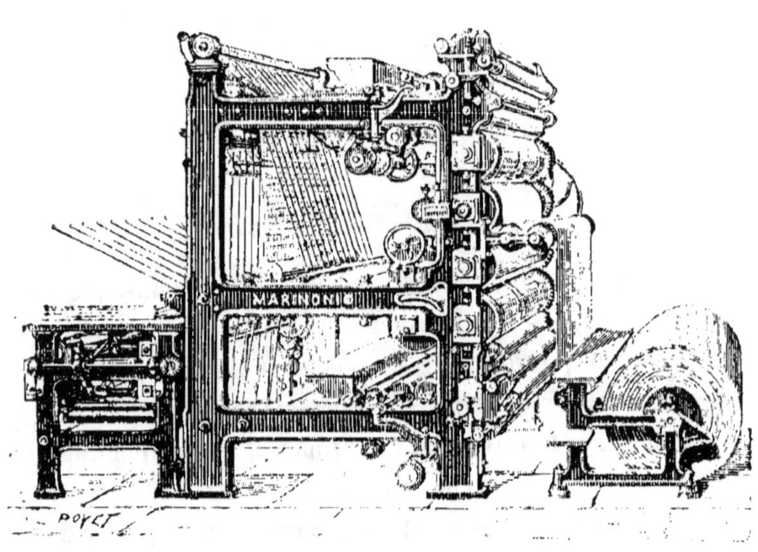

Fig. 1. — Machine rotative avec plieuse imprimant avec papier continu.

NOUVEAU GUIDE ILLUSTRÉ

DE L'IMPRIMERIE

DE LA LIBRAIRIE ET DE LA PAPETERIE

I.

Le papier.

Sans entrer dans les détails sur l'historique de la fabrication du papier, nous allons dire quelques mots sur l'état actuel de cette fabrication d'un produit qui est la matière première du journal, de la brochure, du livre.

La matière première du papier est le chiffon. On désigne sous ce nom tous les rebuts d'étoffes de chanvre, de lin, de coton, qu'ils viennent des ateliers de confection, à l'état neuf, des ports de mer, à l'état de cordages hors de service, de la hotte du chiffonnier, à l'état de rebuts. Quelle que soit la sorte de papier que l'on a à fabriquer, c'est à ces trois sortes de tissus qu'on a recours; veut-on fabriquer du papier sans colle, on augmente la proportion de coton; veut-on fabriquer du papier mince, on augmente la proportion de chanvre ou de lin. C'est là une des opérations délicates de la papeterie ; c'est de faire varier la proportion des chiffons *durs* et des chiffons *tendres,* suivant le papier à fabriquer.

Voyons maintenant par quelles transformations passe ce chiffon pour devenir papier.

La matière première subit six opérations principales :

Triage, — lessivage, — défilage, — blanchiment, — raflinage, — fabrication.

1º *Triage.*

La balle de chiffons, à son entrée à l'usine, est mise entre les mains d'ouvrières chargées de les couper en petits morceaux, de séparer les coutures, d'enlever les boutons, agrafes, etc., et enfin de faire le classement de ces chiffons, suivant leur tissu d'abord (chanvre, lin, coton), et ensuite suivant leur solidité et leur couleur.

2º *Lessivage.*

Le chiffon trié, puis nettoyé dans des blutoirs qui lui enlèvent une partie de sa poussière, est mis en contact, dans de grands cylindres tournants, avec de la chaux ou de la soude caustique et de la vapeur. Cette opération a pour but d'enlever aux chiffons leur couleur, aux cordes leur goudron, à tous les matières grasses, les pailles qui y adhèrent.

3º *Défilage.*

Le chiffon lessivé est porté dans des bacs en fonte où il subit le défilage et le lavage en même temps. Le défilage s'opère en le faisant passer entre un rouleau armé de lames d'acier tournant sur un plateau fixe muni également de lames d'acier. Le chiffon se réduit ainsi en filaments plus ou moins longs, et, tout en tournant dans le bac, est constamment en contact avec de l'eau pure où il se lave, l'eau sale étant rejetée au dehors d'une façon continue à travers des châssis en toile métallique. On a donc, à la suite de l'opération, du chiffon *défilé* et lavé.

4° *Blanchiment.*

Ce chiffon est ensuite porté dans d'autres bacs pleins d'eau constamment renouvelée, où il tourne au moyen de roues à palettes. Après ce nouveau lavage, on verse dans le bac du *chlorure de chaux,* qui, laissé en contact avec le chiffon pendant un certain nombre d'heures, finit par le blanchir plus ou moins complétement, suivant la nature du tissu.

5° *Raffinage.*

On lave le chiffon une fois blanchi, afin d'en expulser tout le chlore; sans cela on aurait un papier qui, avec le temps, finirait par se piquer et se brûler. Le lavage effectué, le chiffon est porté dans de nouveaux bacs en fonte, pleins d'eau, dans lesquels tourne, comme dans les défileurs, un rouleau garni de lames d'acier sur une *platine* également armée de ces lames.

Grâce à un passage prolongé entre ces lames, que l'on rapproche de plus en plus, on finit par obtenir une pâte blanche, composée de filaments extrêmement petits qui, en s'enchevêtrant sur la machine, formeront la feuille de papier. C'est dans ces bacs *raffineurs* que se fait, en France du moins, le collage. Ce dernier s'obtient en versant dans la pâte un savon résineux, ou dissolution de résine dans de la soude, que l'on fixe avec du sulfate d'alumine. C'est aussi dans ces bacs que l'on verse la coloration pour les papiers de couleur.

6° *Fabrication.*

La pâte ainsi préparée arrive en tête de la machine à papier. Elle traverse des tamis métalliques très-fins, qui, secoués très-vivement, permettent à la pâte de passer et retiennent les impuretés (sables, charbons, etc.) que la pâte peut contenir. Cette pâte liquide arrive sur une toile métallique sans fin qui lui permet de s'égoutter à mesure qu'elle avance entre deux courroies de gutta-percha; de plus, cette toile est secouée vivement de droite à gauche afin de faciliter l'enchevêtrement des filaments de chiffon, et, par suite, la formation du tissu du papier. Quand la pâte est arrivée au bout de la toile métallique, elle a déjà assez de consistance pour pouvoir s'en séparer et cheminer alors sur un feutre qui passe sous plusieurs rouleaux de fonte; ces diverses pressions ont pour résultat d'enlever au papier une grande partie de son eau. Dès lors le papier passe autour d'une série de cylindres en fonte, où circule la vapeur, et, au sortir de là, complétement séché, il s'enroule à l'état de papier fabriqué sur des rouleaux en bois. A la suite, une machine le découpe suivant le format demandé, et il est alors porté à la salle à papier.

Là, des femmes exercées le trient, enlèvent les mauvaises feuilles, le comptent, le plient et le mettent en mains. Après l'avoir comprimé sous des presses hydrauliques, pour qu'il tienne le moins de place possible, des hommes le mettent en rames, l'enveloppent et le serrent sous ficelles.

C'est à cet état qu'il est livré au commerce et aux imprimeries.

Succédanés.

On peut faire du papier avec presque toutes les plantes. Cependant on n'est arrivé à en faire industriellement qu'avec le bois et la paille. Ces deux produits, depuis quelques années, jouent un grand rôle dans la fabrication du papier. Tous deux donnent au papier plus d'épaisseur et plus de craquant, et le rendent plus *amoureux* de l'encre, à l'impression.

Ces quelques données, quoique bien abrégées, permettent cependant de se rendre compte des nombreuses opérations par lesquelles passe le papier, qui est devenu, dans nos sociétés modernes, un produit de première nécessité.

II.

Unité des papiers; divisions, rapports.

L'unité des papiers est la rame.

La rame se compose de 20 mains, et la main se divise en 25 feuilles; de sorte que la rame contient 500 feuilles.

Ces nombres ne varient pas, que le papier soit fort ou mince, grand ou petit, blanc ou de couleur.

Ordinairement, la main est pliée en deux. Cependant quand le papier est trop fort pour qu'il soit plié, ou quand c'est du papier de choix, on le laisse à plat, par rame ou par paquets de deux rames.

RAPPORTS.

La main est à la rame ce que la pièce de 5 centimes est au franc, ce que le franc est à la pièce de 20 francs.

La feuille est à la rame ce que le gramme est au demi-kilogramme.

Une main représente 0,05 de rame ;

20 mains, une rame.

Une feuille représente 0,002 de rame ;

500 feuilles, 1 rame.

III.

Noms et dimensions des papiers.

Les papiers sont découpés de diverses grandeurs ou formats, et, selon ces formats, ils prennent différents noms.

Tableau indicatif des noms des papiers et de leurs dimensions.

Noms des papiers.	Dimensions en centimètres.
Pot.	31 sur 39
Tellière	33 — 43
Couronne[1]	36 — 46
Écu.	40 — 52
Carré.	45 — 57
Cavalier.	46 — 60
Raisin.	49 — 64
Jésus.	55 — 70
Jésus pittoresque.	56 — 76
Colombier.	63 — 86
Grand aigle.	68 — 103
Papier de Chine.	70 — 130

Tous ces formats peuvent s'obtenir doubles, au gré de l'acheteur.

1. La double couronne remplace avec avantage le jésus en in-18, la grandeur du volume étant la même ; l'impression des 1/4, 1/2 et 3/4 se fait sans perte de papier.

IV.

Papiers vergés, vélins, coquille, etc.

Les papiers vergés et vélins sont des papiers faits à la main. Ils ont, comme les papiers faits à la mécanique, le même format et la rame pour unité.

Les papiers vergés et vélins sont employés pour des ouvrages de luxe, des exemplaires de choix tirés à part.

Les papiers vélins sont fabriqués à la main, sans vergeure. C'est par un abus que l'on fait passer pour vélins des exemplaires triés parmi les feuilles de papier mécanique.

Les papiers coquille sont ordinairement employés pour cahiers d'écoliers, registres et autres fournitures de bureau.

On désigne sous le nom de papier joseph le papier de soie, et sous le nom de papier végétal, le papier à calquer, fait avec la filasse de chanvre ou de lin non blanchie.

Le papier dit de Chine se vend soit en détail, soit par paquets de 100 feuilles. Les feuilles n'ont pas de format déterminé ; on les découpe selon la dimension des gravures ou du texte à imprimer.

V.

Encollage des papiers.

Les papiers des différentes sortes sont collés ou non collés.

Les papiers sont collés pour qu'ils puissent servir à l'écriture.

L'encollage des papiers faits à la main n'est appliqué qu'après la fabrication, au lieu que celui des papiers faits à la mécanique s'ajoute à la pâte elle-même.

Les papiers non collés, appelés *papiers-boit*, sont le plus souvent employés pour l'impression.

Les papiers pour couvertures [1] doivent toujours être collés, à cause de leur emploi. Ces papiers sont ordinairement de couleur.

VI.

Choix des papiers.

Les papiers, comme toute autre marchandise, sont de plusieurs choix; cela provient de la qualité de la pâte employée dans la fabrication. De cette qualité dépend naturellement le prix des papiers.

Les papiers se vendent au kilog., quels qu'en soient la force, le format, la couleur, et qu'ils soient collés ou non collés.

Pour vérifier la qualité du papier, on n'a qu'à en déployer une feuille et la regarder contre le jour; moins elle paraîtra *poivrée*, plus le papier sera de qualité supérieure; et pour en bien voir la nuance, séparez une feuille de la rame, et la comparez à son échantillon.

---

1. On peut se procurer dans le commerce une spécialité de papiers de couvertures à deux faces, blancs d'un côté et de couleur de l'autre. Il y a avantage à les employer, parce qu'ils peuvent servir de garde en même temps que de couverture aux volumes.

VII.

Manière d'obtenir le poids des papiers.

En prenant la moitié du nombre de grammes que pèse la feuille, on obtient le nombre des kilog. que pèse la rame; et en doublant le nombre de kilog. que pèse la rame, on obtient le nombre des grammes que pèse la feuille.

Exemples : Si la rame pèse 15 kilog., la feuille pèsera 30 grammes. Si la feuille pèse 24 grammes, la rame pèsera 12 kilog. — La rame de 500 feuilles pesant 15 kilog., ou 15,000 grammes, 1 feuille pèsera 15,000 ÷ 500 = 30 grammes. — Ou, quand 1 feuille pèse 24 grammes, la rame de 500 feuilles pèse 24 × 500 = 12,000 grammes = 12 kilog.

Il suit de là que, si la rame coûte 25 fr., la feuille coûte 50 millimes = 0^f,05, et que, si la feuille coûte 0,025, la rame coûte 12^f,50.

Pour avoir le nombre des millimes que coûte la feuille, il suffit de doubler le nombre des francs que coûte la rame; et pour obtenir le nombre des francs que coûte la rame, il suffit de prendre la moitié du nombre des millimes que coûte la feuille.

Ces calculs sont très-simples.

VIII.

Des volumes.

Les volumes sont composés de feuilles pliées suivant la grandeur qu'on veut leur donner.

Cette grandeur se nomme format.

Les formats tirent leur nom du nombre de feuillets que forme chaque feuille quand elle est pliée. Une feuille quelconque donne un nombre de pages double du chiffre indicatif du format.

Au nom du format du volume s'ajoute encore le nom du format du papier, qui fait connaître la grandeur des feuilles employées (voir § III).

Voici, du reste, un cadre qui fera facilement saisir ces distinctions.

Chaque feuille imprimée, quel qu'en soit le format, porte au bas de la première page un numéro d'ordre que l'on nomme signature, et qui sert de guide à l'ouvrier pour plier les feuilles et assembler le volume ; il a soin, en pliant et en assemblant, que la signature se trouve toujours par-dessus le premier pli du cahier.

Pour tirer un volume, à quelque nombre d'exemplaires que ce soit, on tire d'abord la première feuille, portant les pages voulues, à 10, à 100, à 1,000, à 10,000, à

FORMAT DU VOLUME.	FORMAT DU PAPIER.	NOMBRE DE FEUILLETS PAR FEUILLE.	NOMBRE DE PAGES PAR FEUILLE.
In-plano.............	carré.	1	2
In-folio.............	raisin.	2	4
In-quarto	jésus.	4	8
In-octavo	colombier.	8	16
In-douze....	etc.	12	24
In-seize............	"	16	32
In-dix-huit.........	"	18	36
In-vingt-quatre.....	"	24	48
In-trente-deux......	"	32	64
In-soixante-douze..	"	72	144

PAGINATION PAR FEUILLE, SUIVANT LES FORMATS.

N° D'ORDRE DES FEUILLES.	IN-PLANO.	IN-FOLIO.	IN-4.	IN-8.	IN-12.	IN-16.	IN-18.	IN-24.	IN-32.
1	1 à 2	1 à 4	1 à 8	1 à 16	1 à 24	1 à 32	1 à 36	1 à 48	1 à 64
2	3.4	5.8	9.16	17.32	25.48	33.64	37.72	49.96	65.128
3	5.6	9.12	17.24	33.48	49.72	65.96	73.108	97.144	129.192
4	7.8	13.16	25.32	49.64	73.96	97.128	109.144	145.192	193.256
5	9.10	17.20	33.40	65.80	97.120	129.160	145.180	193.240	257.320
6	11.12	21.24	41.48	81.96	121.144	161.192	181.216	241.288	321.384
7	13.14	25.28	49.56	97.112	145.168	193.224	217.252	289.336	385.448
8	15.16	29.32	57.64	113.128	169.192	225.256	253.288	337.384	449.512
9	17.18	33.36	65.72	129.144	193.216	257.288	289.324	385.432	513.576
10	19.20	37.40	73.80	145.160	217.240	289.320	325.360	433.480	577.640
11	21.22	41.44	81.88	161.176	241.264	321.352	361.396	481.528	641.704
12	23.24	45.48	89.96	177.192	265.288	353.384	397.432	529.576	705.768
13	25.26	49.52	97.104	193.208	289.312	385.416	433.468	577.624	769.832
14	27.28	53.56	105.112	209.224	313.336	417.448	469.504	625.672	833.896
15	29.30	57.60	113.120	225.240	337.360	449.480	505.540	673.720	897.960
16	31.32	61.64	121.128	241.256	361.384	481.512	541.576	721.768	961.1024
17	33.34	65.68	129.136	257.272	385.408	513.544	577.612	769.816	1025.1088
18	35.36	69.72	137.144	273.288	409.432	545.576	613.648	817.864	1089.1152
19	37.38	73.76	145.152	289.304	433.456	577.608	649.684	865.912	1153.1216
20	39.40	77.80	153.160	305.320	457.480	609.640	685.720	913.960	1217.1280

100,000 exemplaires ; puis la deuxième, la troisième, la quatrième, la cinquième feuille, etc., au même nombre que la première ; et quand toutes ces feuilles sont tirées, le volume est imprimé.

Plus grand est le nombre d'exemplaires d'un ouvrage, moins cher cet ouvrage revient.

Pour déterminer le nombre de rames et de mains qu'il faut pour un volume tiré, par exemple, à 10,000 exemplaires, supposons que le volume contienne 35 feuilles ; 10,000 exemplaires de 35 feuilles font 350,000 feuilles. Si la rame contenait 1,000 feuilles, il faudrait 350 rames ; mais comme elle n'en contient que 500, il en faudra le double, c'est-à-dire 700 rames ou 14,000 mains.

Donc il suffit de doubler les mille de feuilles pour trouver les rames.

S'il fallait par volume 35 feuilles 3/4 ou 35,75 feuilles, 10,000 exemplaires de 35,75 font 357,500 feuilles qui font 715 rames, ou 14,300 mains.

Outre la signature, chaque feuille d'impression porte encore une série de numéros indiquant les pages du volume. Le cadre synoptique (page 15) donne les séries par feuille — de 1 à 20 — pour les divers formats.

Veut-on savoir, par exemple, la série de pages que porte la 15e feuille d'un volume in-12, on n'a qu'à poser le doigt sur le n° 15 des feuilles et suivre la ligne jusqu'à la rencontre de la colonne in-12 : on trouve là les chiffres 337-360, qui indiquent que la 15e feuille porte les pages 337 à 360.

Que ce soit la 8e feuille d'un volume in-32, on trouve, les chiffres 449-512, qui indiquent que cette feuille a reçu les pages 449 à 512, inclusivement.

Que ce soit la 19e feuille d'un volume in-4, on trouve à l'angle correspondant à la ligne 19 et à la colonne

in-4, les chiffres 145-152, qui indiquent les pages 145 à
152 que porte cette 19e feuille.

Ainsi pour les autres feuilles quelconques.

IX.

Notions sur la composition.

Les étroites limites de cette publication ne permettent
pas de s'arrêter sur la fabrication des poinçons-types et
des matrices, et sur la fonte des caractères d'imprimerie.
On suppose tout d'abord l'ouvrier compositeur debout
devant sa *casse,* sorte de table inclinée, divisée en plus
de 240 compartiments, renfermant par ordre toutes les
lettres de l'alphabet, de toutes les formes, avec leurs
signes d'accentuation, les signes de ponctuation, les
chiffres, les parenthèses, les guillemets, les astérisques,
les espaces et les cadrats. Cet ouvrier tient dans sa main
gauche un instrument appelé *composteur,* qui se compose de deux règles terminées à un bout par un talon
immobile, et à l'autre bout par un talon mobile avec
lequel il détermine la longueur des lignes. Une fois
cette longueur ou justification fixée, il compte combien
la distance entre les deux talons peut renfermer d'*n*,
unité des lettres, afin que toutes les lignes soient de
même longueur; puis, après avoir lu le manuscrit placé
sous ses yeux, il prend dans sa casse chaque lettre et la
place dans son composteur, en ayant soin, lorsqu'il a
formé un mot, de le séparer du suivant par une *espace,*
et lorsqu'il a formé une ligne, de la séparer de la suivante par une interligne, et lorsqu'il se trouve un vide

ou un alinéa, de le remplacer par un cadrat, de manière à remplir toute la justification.

La composition étant terminée et disposée en colonnes sans fin, le travail est confié à un ouvrier spécial dit *metteur en pages*. Cet ouvrier compte les lignes que doit contenir une page; puis, les séparant de la masse de la composition, il en fait autant de pages que la feuille doit en comporter. Ces pages sont, après cela, placées dans un châssis et séparées les unes des autres par des lames de bois ou de plomb.

Toute feuille nécessite deux *formes* ou *planches*, une pour chaque côté.

Les formes sont livrées à l'imprimeur, qui en tire plusieurs épreuves pour être soumises au correcteur et à l'auteur. Ceux-ci y font les corrections qu'ils jugent à propos et délivrent ensuite le *bon à tirer*.

X.

Du clichage.

Lorsque l'on veut tirer un ouvrage à un grand nombre d'exemplaires, ou que l'on doit en tirer plusieurs éditions, à des intervalles plus ou moins éloignés, avant de procéder à la *distribution*, opération qui consiste à remettre les caractères dans la casse, on se procure une empreinte de la première impression, et l'on en fait un moule dans lequel on coule de nouveaux caractères, qui peuvent servir indéfiniment. C'est ce qu'on appelle le *clichage*.

Il y a deux sortes de clichage : le clichage *au plâtre*,

et le clichage *au papier*. Le clichage s'appelait d'abord
stéréotypie.

NOTIONS SUR LE CLICHAGE AU PAPIER.

Manière de faire la pâte.

Prenez deux kilog. de bonne colle de pâte bien cuite :
battez-la bien avec une spatule; mettez ensuite deux
kilog. de blanc d'Espagne que vous écrasez le plus
possible, passez-le dans un tamis de laiton et mélangez
le tout avec votre spatule : la pâte est alors bonne à
employer. Cette pâte doit être faite vingt-quatre heures
à l'avance, et elle ne peut se conserver plus de trois
jours.

Manière de faire les flans.

Vous prenez une bonne feuille de papier collé que
vous coupez de la grandeur de la page que vous voulez
mouler; vous y étendez, à l'aide d'un pinceau, une
couche de pâte qui ne doit pas être plus épaisse que
la feuille de papier; vous prenez ensuite une autre
feuille de papier pelure sans colle, que vous étalez
légèrement avec la main, puis vous étendez une autre
couche de pâte, puis une autre feuille de papier pelure,
et ainsi de suite jusqu'au nombre de cinq feuilles de
pelure, ce qui vous fait, avec la première, six feuilles;
vous posez vos flans les uns sur les autres entre deux
plaques de métal, vous les chargez jusqu'au lendemain
pour vous en servir.

Manière de faire les empreintes.

Lorsque vous avez imposé votre page dans une ramette à mouler, ayez soin de vous assurer si le mobile

est bien propre; après l'avoir taqué, vous le graissez légèrement avec une petite brosse; puis vous prenez votre flan, vous le posez sur un marbre l'œil en dessous, c'est-à-dire du côté du papier pelure, vous prenez alors un petit rouleau en bois ou en fonte, et vous roulez votre flan, à seule fin d'abattre les plis et de le glacer; vous le posez ensuite sur l'œil de la lettre du mobile dont vous devez prendre l'empreinte; vous prenez votre brosse à mouler et vous frappez dessus légèrement et avec aplomb. Lorsque vous voyez que le flan est prêt à se percer, vous étendez avec votre pinceau une couche de pâte, et vous mettez une feuille de papier collé; vous frappez de nouveau, et quand vous êtes assuré que l'œil de la lettre a pénétré assez profondément dans le flan, vous prenez un taquoir en bois dur et vous taquez avec soin; vous étendez une autre couche de pâte, puis une autre feuille de papier collé, vous frappez légèrement, seulement pour faire adhérer, vous donnez un bon coup de taquoir, et il ne reste plus qu'à poser dessus deux molletons et à mettre en presse pour faire sécher.

Fonte des empreintes pour obtenir des clichés.

Lorsque votre matière est fondue, vous en coulez quatre ou cinq plaques dans votre moule à clicher pour l'échauffer; puis, prenant votre empreinte qui doit être bien sèche, vous la faites chauffer jusqu'à ce qu'elle vous brûle les doigts, vous la mettez dans votre moule, et vous tâtez votre matière avec un papier collé; s'il jaunit un peu fort, votre matière est bonne à verser, et lorsque vous voyez qu'elle est figée, vous ouvrez votre moule, et vous jetez de l'eau sur la matrice; quand elle s'en est bien imbibée, vous la mettez sur une plaque chaude, et un instant après vous l'enlevez facilement de dessus votre cliché.

Manière d'apprêter le moule pour fondre.

Il faut apprêter une certaine quantité de colle avec de l'eau, de manière qu'il n'y ait pas de grumeaux; en étendre sur la plaque qui se rabat sur les équerres, étendre ensuite une feuille de papier demi-collée ou non collée, afin que le dessous du cliché soit intact et sans soufflure. A la première fonte que vous ferez avec cette feuille, vous aurez soin de la blanchir avec du blanc d'Espagne bien sec, pour éviter de la brûler du premier coup.

Pour couler le cliché, il faut coller une feuille de papier sur la partie basse du flan formant feuille de conduite pour la coulée de la matrice.

Mélange du régule.

Faites fondre 100 kilog. de plomb couleur cerise, mettez ensuite 16 kilog. de régule, afin que l'alliage soit convenable pour la fonte du cliché.

Clichage des vignettes.

Apportez un grand soin dans la préparation des flans pour prendre l'empreinte des vignettes, laquelle empreinte nécessite beaucoup moins d'épaisseur que pour le mobile. Quand le flan est bien préparé, talquez soigneusement votre vignette avec une brosse; mettez votre flan sur la vignette, mettez un peu de talc (pierre transparente désignée dans le commerce sous le nom de poudre de savon) sur le dessus de votre empreinte, frappez légèrement, donnez ensuite un bon coup de

taquoir, refrappez de nouveau et terminez par un coup
de taquoir, prenez un blanchet ou du molleton plié en
deux et mettez le tout sous presse à froid. Au bout de
six heures, la matrice est sèche et l'empreinte prise; il
suffit de l'enlever alors avec précaution et d'achever le
séchage au séchoir chaud.

Correction des clichés.

La correction consiste à supprimer les mauvaises
lettres ou à faire les changements d'auteur au moyen
d'une échoppe. Quand il s'agit de faire une correction
sur un cliché, on prend un piston du corps de la lettre,
on met le cliché à l'endroit d'une ouverture dans le
biseautoir ou d'une machine à percer, afin de faire
l'emplacement de la lettre mauvaise en y pratiquant un
trou à l'aide du piston et du marteau. Si l'on n'a à
remplacer qu'une lettre, on la gratte avec soin, on
l'ajuste à l'aide de l'échoppe ou d'une petite lime-
aiguille, on cale la lettre avec la pointe de l'outil et on
la soude avec un fer à souder, en ayant soin au préa-
lable de nettoyer le fer avec une lime. Si au con-
traire c'est un mot entier qu'on doive remplacer, il faut
prendre les lettres, les gratter avec soin, assembler le
mot au moyen d'un petit composteur dit justification,
passer le fer sur le mot, l'ajuster comme il a été dit
pour la lettre partielle et faire le même travail pour la
soudure.

Quand un cliché se brise, on prend les deux parties
cassées, on les gratte avec soin de façon à faire disparaître entièrement la crasse, puis on les rapproche; ensuite on laisse tomber de chaque côté, au moyen d'un
fer à souder, une goutte de matière pour rattacher les
morceaux. On retourne le cliché, et, à l'aide d'un petit

bâton de matière ordinaire, on relie les deux parties et on les soude. Il faut avoir soin, lorsqu'on remet son fer au feu, de le brosser convenablement, pour qu'il n'y reste pas de plomb; sans cela le fer fondrait ou serait susceptible de se ronger.

Terminaison du cliché.

La terminaison du cliché consiste, au sortir de la fonte, à le scier ou à le diviser au moyen de la scie ou du diviseur, à le raboter le plus carrément possible, à le biseauter, en ayant soin de ne pas abattre la lettre.

Échoppage.

L'échoppage consiste, au moyen de petits ciseaux de différentes dimensions, à baisser les en-têtes des folios, en frappant avec un petit maillet en bois, soit pour les entrées ou fins d'alinéa, soit pour les bas de page; enfin, à faire disparaître les blancs hauts inutiles et susceptibles de marquer à l'impression.

XI.

De la galvanoplastie.

La galvanoplastie est l'art de recouvrir un métal d'une légère feuille d'un autre métal.

Cet art reçoit une application dans l'imprimerie, pour obtenir des clichés d'un autre genre, plus coûteux que les précédents, mais qui donnent des résultats autrement remarquables.

GALVANOPLASTIE.

NOTIONS SUR LA GALVANOPLASTIE.

Apprét du bain.

Dans une cuve en bois garnie de gutta-percha et d'une contenance de 50 litres, vous mettez environ 42 litres d'eau douce ; ensuite vous suspendez à travers la cuve un petit panier en osier qui doit baigner dans l'eau, de 5 centimètres environ. Dans ce panier, vous mettez, en cinq ou six fois, et à mesure qu'il se dissout, la quantité de 15 à 20 kilog. de sulfate de cuivre ; puis, dans le bain, un demi-litre d'acide sulfurique. Au bout de quelques heures, le sulfate de cuivre est dissous. Le bain alors doit peser 18 à 24 au pèse-acide.

Imposition.

Avec une ramette à vis et des garnitures sur deux hauteurs, vous imposez la gravure ou l'objet dont vous voulez prendre l'empreinte, en ayant soin de bien garnir les vides avec de la gutta-percha un peu liquide. Si c'est un sujet qui a déjà servi à l'impression, il faut le nettoyer complétement et avec beaucoup de soin par le sulfure de carbone. Ensuite, à l'aide d'une brosse disposée pour ce travail, vous plombaginez soigneusement la gravure et vous la laissez imposée dans sa ramette sur le marbre de la presse.

Apprét de la gutta-percha.

Toute espèce de gutta-percha peut servir, pourvu qu'elle soit épurée en petits ou en gros morceaux. Pour la détremper et la ramollir, vous la faites chauffer au bain-marie et dans l'eau chaude. Lorsqu'elle est molle, vous en faites, à la main, une boule ou pelote que vous posez dans le moule disposé pour cet usage ; puis, après l'avoir couverte d'une légère feuille de zinc dont la surface est mouillée, vous placez le moule sous la presse. et, avec une forte pression, vous obtenez une plaque de gutta, que vous coupez à la dimension de la gravure à l'aide d'un couteau spécial.

Prise de l'empreinte.

Le morceau de gutta étant coupé comme il est dit ci-dessus, vous le plombaginez des deux côtés avec la brosse, afin que la matière ne colle point aux doigts ; ensuite vous le tenez au-dessus d'un petit fourneau rempli de charbon de bois bien allumé. Dans cette position et avec les deux mains, vous le tournez en tous sens. Lorsque la gutta est devenue assez molle pour fléchir sous les doigts, vous la posez sur la gravure, vous placez une petite feuille de zinc mouillée comme il est dit plus haut, très-mince par-dessus, vous poussez le tout sous la presse, et vivement vous lui faites subir une très-forte pression, que vous laissez durant quelques minutes, pour donner à l'empreinte le temps de se refroidir. Vous aurez eu le soin préalablement de placer la ramette au milieu de la presse, afin d'obtenir une pression bien égale.

Apprêt de l'empreinte avant de la mettre au bain.

Il faut couper ce qu'il y a de trop autour du moule, en ayant soin de laisser autour de l'empreinte un espace pour clouer les baguettes ; ensuite vous percez deux trous en haut de l'empreinte pour y attacher un fil de laiton rouge recuit ; ce fil sert de conducteur pour couvrir l'empreinte de cuivre et pour l'accrocher à la tringle. Si l'empreinte est très-grande, il faut mettre plusieurs attaches, pour activer le cuivrage. Après cette opération, ayez soin de graisser le bord de l'empreinte avec du suif, pour que le cuivre ne s'attache pas derrière le moule. Pour la tenir en équilibre dans le bain, attachez derrière l'empreinte un petit lingot de plomb entouré de gutta.

Amalgame des zincs.

Tenez le zinc debout dans un petit vase en grès ordinaire, et, à l'aide d'un pinceau que vous trempez dans l'amalgame, composé de mercure et d'acide sulfurique, vous donnez une légère couche au zinc. Cet apprêt se fait chaque fois que vous mettez au bain. Si le zinc est neuf, il faut le nettoyer légèrement avec un peu d'acide sulfurique, pour que l'amalgame prenne mieux.

Apprêt du diaphragme.

Vous mettez ce diaphragme dans la cuve, après l'avoir remplie d'eau très-propre, 2 centimètres plus bas que l'eau de la cuve ; vous y ajoutez un petit verre d'acide sulfurique. Lorsque l'on n'aura pas eu recours à l'amalgame indiqué ci-dessus, on se contentera de laisser tomber dans le diaphragme trois gouttes de sel à amalgame composé à cet effet. Cela fait, le liquide du diaphragme doit peser 3 degrés au pèse-acide.

Apprêt des tringles en cuivre se posant sur la cuve.

Il convient d'abord de nettoyer les tringles en cuivre et de les tenir très-propres, surtout au moment de mettre au bain. Vous les posez sur la cuve, et vous mettez votre diaphragme poreux au milieu de cette cuve, la tringl du milieu au-dessus du diaphragme. Après avoir amalgamé votre zinc, vous le fixez avec une griffe mobile à vis, et vous l'accrochez à la tringle en cuivre.

Mise au bain.

Vous remplissez la boîte en gutta-percha de sulfate de cuivre, accrochée dans le bain, du côté opposé à l'empreinte et regardant l'œil du moule. Vous prenez votre empreinte et vous la plombaginez complétement du côté de l'œil seulement. Ensuite vous prenez de l'alcool à 36 degrés, vous en mettez dans un verre et vous le laissez tomber sur l'œil de votre empreinte, de manière à bien humecter l'œil également partout, en vous plaçant au-dessus d'un vase, à seule fin de ne pas perdre l'alcool. Cette opération faite, vous l'accrochez à la tringle, l'œil regardant la pile, qui est le vase poreux, de manière qu'elle soit baignée entièrement sans toucher le fond du bain ; alors vous voyez fonctionner immédiatement votre pile, c'est-à-dire le dépôt se produire sur l'empreinte et se couvrir au bout de quelques heures. Si elle ne se garnit pas bien, vous ajoutez deux gouttes d'alcool et vous la replongez dans le bain. Si la pile fonctionnait mal, afin d'en activer l'action, vous mettriez deux gouttes d'amalgame dans le diaphragme. En la stimulant de cette manière et souvent, on peut obtenir une empreinte en douze heures de temps, mais cela devient coûteux. Pour obtenir économiquement un bel et bon produit, très-fort en cuivre, vingt à trente heures sont indispensables.

Quand vous trouverez que l'empreinte est suffisamment forte, vous la retirerez du bain, ainsi que le zinc et le diaphragme ; vous mettrez le diaphragme dans un baquet d'eau et le laisserez dégorger constamment.

Au sortir du bain.

Vous présentez l'empreinte au-dessus d'un fourneau de charbon de bois allumé en la retournant avec les mains sens dessus dessous ; sitôt que la gutta est un peu chaude, la coquille en cuivre s'en détache.

Première garniture au blanc avant l'étamage.

Délayez une certaine quantité de blanc d'Espagne ou de Meudon dans un peu d'eau pour former une pâte malléable ; vous couvrez ensuite votre coquille, en remplissant complétement l'œil et les creux pour les préserver de la filtration de la soudure.

Étamage de la coquille.

Avec la poêle à soudure que vous posez sur le fourneau de charbon, vous faites chauffer la soudure à la fusion liquide ; soudure ordinaire en baguette dont se servent les plombiers, les ferblantiers, mêlée avec moitié de plomb, etc. Vous tenez la coquille de cuivre au-dessus du fourneau avec des pinces et avec un peu d'acide chlorhydrique dans la coquille du côté opposé de l'œil. Aussitôt que l'acide bout, vous prenez avec une petite cuiller en fer à long manche un peu de soudure dans votre poêle, que vous roulez de quart en coins, à droite et à gauche, afin d'étamer partout la coquille, et vous la jetez dans un seau d'eau.

Garniture de la coquille pour la remplir.

Vous dressez à la main votre coquille et vous clouez autour une baguette en bois blanc de peuplier, de 8 à 12 millimètres de large sur 7 à 8 d'épaisseur, que vous clouez avec des petits clous à tête plate très-fine. Vous

vous posez sur un marbre en fonte pour river les clous
et pour former un cadre autour de la coquille, afin de
garantir la matière en plomb qui vient la remplir.

Deuxième garniture au blanc pour remplir
la coquille.

Vous prenez un peu de blanc d'Espagne ou de Meudon
que vous délayez pour en former une pâte semblable à
celle que vous avez faite pour l'étamage; vous garnissez
de même en plus les petits joints du cadre où la matière
pourrait filtrer et plomber l'œil du cliché galvanoplasti-
que. Vous prenez une petite réglette en bois dur ; et,
lorsque le blanc mis sur votre coquille a bien séché, vous
grattez avec votre petite réglette la surface de l'œil, seulement pour qu'il ne reste pas de pâte sur l'œil ; sans
cela, la pression formerait des cavités à votre pièce.

Remplissage de la coquille.

La presse est disposée de manière à recevoir un marbre à remplir, bien droit, qui glisse entre deux tasseaux.
Vous posez une feuille de papier registre sur le marbre à
remplir qui est prêt à glisser sur la presse. Vous faites
fondre de la matière un peu plus douce que celle d'imprimerie, chaude à la fusion seulement. Vous posez
votre coquille en cuivre sur la feuille de papier registre,
avec votre cuiller ou pochon, vous coulez cette matière
dans la coquille en la tenant avec deux réglettes à la
main afin de la maintenir fixe. Aussitôt qu'elle est remplie au niveau des baguettes, vous glissez vivement le
marbre sous la presse et vous faites une légère pression.
Le plomb étant refroidi, vous retirez la coquille remplie.

A la scie circulaire, vous coupez les pourtours, autrement dit les baguettes, afin de laisser de quoi faire un biseau pour le montage du cliché.

Nettoyage du cliché galvanoplastique.

Vous trempez votre cliché dans un vase d'eau, et avec une brosse vous nettoyez le blanc ; pour dérocher complétement, vous prenez une autre brosse avec de l'acide sulfurique, vous frottez l'œil du cliché jusqu'à ce qu'il devienne d'un rouge très-vif. Pour le sécher, vous le passez dans la sciure de bois blanc.

Opérations finales.

Vous présentez une règle d'acier et vous voyez si le cliché est droit du côté de l'œil, et avec un marbre bien droit vous posez une feuille de papier registre sur le cliché du côté de l'œil ; puis, à l'aide d'un marteau spécial, vous renfoncez en dessous la matière avec des poinçons en acier faits à cet usage, c'est-à-dire carré, rond, droit ou triangulaire, afin de faire ressortir la partie droite de l'œil pour l'impression ; vous montez le cliché sur le tour, vous le réduisez d'épaisseur en mettant l'œil du cliché sur le plateau du tour, avec une feuille de papier ; ensuite vous montez le cliché sur un bloc en bois ou sur un bloc en plomb ; après quoi vous le portez à l'impression.

XII.

Emmagasinage des papiers à l'imprimerie.

Les rames de papier envoyées à l'imprimerie par l'auteur ou l'éditeur d'un ouvrage sont reçues. dans un magasin spécial, par le garçon de magasin, qui, en attendant l'ordre de l'impression, les étiquette, les empile et les inscrit sous le nom de l'ouvrage auquel elles sont destinées. Il est tenu de prendre ces précautions, car, à la fin du tirage, il doit rendre compte de ce qui manque ou reste des rames employées.

Notions sur le trempage des papiers.

L'imprimerie ayant reçu de l'auteur ou de l'éditeur le *bon à tirer*, le prote donne l'ordre au garçon de magasin de faire tremper les rames que nécessite chaque tirage de feuille. Les papiers ont besoin de subir avant l'impression un apprêt qui consiste, pour les papiers sans colle, à les asperger d'eau, suivant leur force, en ouvrant les mains une à une, ou en prenant le papier par pincée lorsqu'il est à plat. Le trempeur doit avoir à sa gauche ses rames détachées, devant lui un plateau de dimensions moins grandes que celles du papier, pour éviter les bavures, et à sa droite un baquet d'eau claire; ayant en main un petit balai de bouleau ou de bruyère, à brindilles très-fines, qu'il plonge dans le baquet pour arroser son papier. Il ne peut laisser sur son plateau, sans le débarrasser, plus de deux rames mouillées de papier non collé, tandis que la quantité n'y fait rien si le papier est collé.

Les mains de papier collé se passent l'une après l'autre dans le baquet avant d'être ouvertes, et le papier à plat s'y passe par pincée; mais comme le trempeur, en passant ou en arrosant le papier, n'a pas toujours la main juste, il doit avoir soin, pour que le papier soit mouillé partout également, de le remanier, c'est-à-dire de le retourner en tous sens, de manière que, les endroits plus secs se mêlant aux endroits plus mouillés, l'humidité soit générale et uniforme, point essentiel pour une bonne impression. Un bon trempage, effectué douze heures avant l'impression, contribue beaucoup à la netteté de l'empreinte des caractères.

Notions sur le glaçage des papiers.

Certains papiers destinés à des ouvrages recommandés subissent encore, outre le trempage, une autre opération, qui est le *glaçage,* ou autrement dit le *laminage* (fig. 1). Cette opération consiste à placer les feuilles de papier entre des plaques de zinc et à les soumettre à une pression pour écraser le grain et rendre le papier luisant.

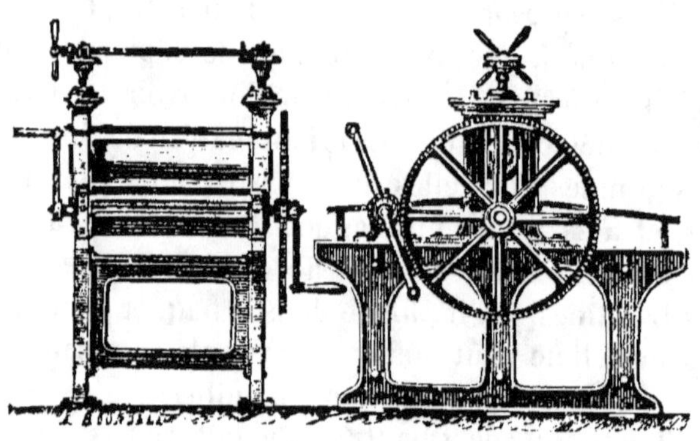

Fig. 2. — Laminoir pour le glaçage des papiers.

Le travail du glaçage exige trois ouvriers : deux compagnons et un apprenti. Les ouvriers glaceurs vont à la *tremperie* chercher leur papier que le trempeur a disposé par paquets[1] de volume et de poids maniables, attendu

1. On met par-dessus et par-dessous la maculature qui enveloppait la rame.

qu'ils doivent passer par plusieurs mains; arrivé au glaçage, ce papier est mis sur la marge, à gauche du premier compagnon ; celui-ci prend chaque feuille de gauche
à droite, tandis que le second compagnon, le plaqueur,
met sa plaque de droite à gauche. Le jeu, qui contient
toujours 26 plaques et 25 feuilles, s'encarte ainsi, puis
est porté sous le cylindre de pression et rapporté ensuite
par l'un ou l'autre des compagnons, qui est muni à cet
effet d'un talon en bois, sorte de tablier suspendu sur
son ventre avec deux bretelles et maintenu par une cein-
ture. Le jeu revenu sur la table à encarter, l'apprenti se
met en face et prend chaque feuille glacée au fur et à
mesure que le plaqueur la découvre. Il est nécessaire
que les deux compagnons puissent alterner pour porter
et pour plaquer. Voilà pour un cylindre à plusieurs
équipes.

Quand le cylindre est à une ou deux équipes, pendant
son mouvement de va-et-vient, les deux compagnons
font passer entre eux le jeu encarté et le poussent sous
le cylindre; puis l'un d'eux touche au changement de
poulies, et le jeu revient à son point de départ, où les
compagnons le reprennent et le remettent sur leur table
à encarter, qui doit toujours être à hauteur de cein-
ture.

Ces cylindres sont généralement mus par la vapeur.
Dès que le papier est glacé, il est reporté à la tremperie.

SORTES DE PRESSES.

Il y a cinq sortes de presses :

1° La presse manuelle (fig. 3), tirant en moyenne à l'heure 250 exemplaires ;

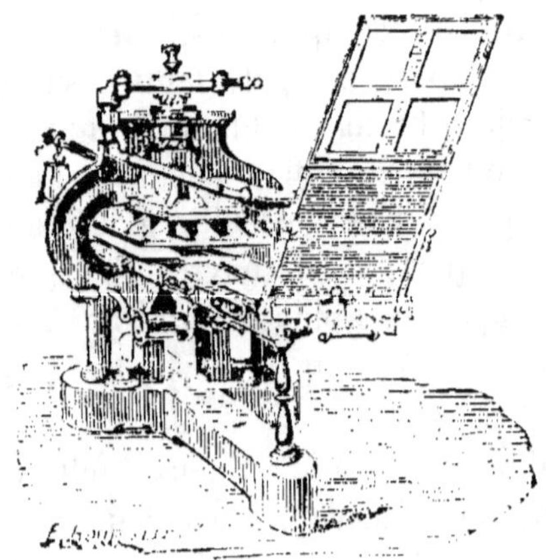

Fig. 3. — Presse Stanhope sur tous formats.

2° La presse mécanique en blanc (fig. 4), 1,000 ex. ;

3° La presse mécanique en retiration (fig. 5), 800 ex. ;

4° La presse mécanique à réaction (fig. 6 et 7), 6,000 ex.;

5° La presse rotative (fig. 1 et 9), 18,000 ex.

XIII.

Notions sur les machines.

Après que le papier a reçu toutes ses préparations, il est porté à la machine ou conduit avec un chariot libre

(modèle des chemins de fer). On le signale au conducteur, qui doit le reconnaître.

Chaque machine a son équipe.

Si c'est une machine simple, ou autrement dit machine en blanc, l'équipe est de 3 personnes : 1 conducteur, 1 margeur et 1 receveur.

Fig. 1. — Machine typo-lithographique.

Tirage : 1,000 feuilles à l'heure.

Si c'est une machine double, imprimant la feuille des
deux côtés, l'équipe est de 3 personnes : 1 conducteur,
1 margeur, 1 receveur.

Si c'est une machine imprimant deux feuilles à la fois,
l'équipe est doublée, l'une à droite, l'autre à gauche de
la machine.

Le conducteur est chef de l'équipe, à moins qu'il n'y
ait un chef d'atelier. Le margeur, ou l'un des margeurs
est caporal; tous doivent obéir au conducteur.

Le devoir du conducteur est de veiller à la propreté

de sa machine, à l'entretien des cordons et de l'étoffe dont les cylindres sont garnis; de voir, avant de mettre sous presse, si son marbre est bien débarrassé, si les cordons conducteurs et leurs petites poulies fonctionnent bien; de renfoncer dans les formes les lettres mal unies; enfin de ne faire *mettre en route* qu'après avoir regardé

Fig. 5. — Machine à labeurs à deux cylindres

Tirage : 800 feuilles à l'heure.

s'il n'a rien oublié sur le marbre ou sur la table et qu'après avoir crié : *Gare aux mains!* car il est responsable de ce qui peut arriver. Le conducteur a aussi son registre à faire, travail qui consiste à mettre les formes bien au repère, de manière que l'impression *deuxième* retombe exactement sur la *première*. Il s'en assure en passant une feuille et en la regardant en l'air contre le jour. Une fois le registre obtenu, on égalise le foulage, autrement dit l'impression. Si le conducteur s'aperçoit qu'en certains endroits les lettres crèvent ou ne marquent pas la feuille qu'il a fait passer sur les formes, il doit

couper où cela crève et charger où cela ne marque pas.
Pour charger la feuille de mise en train, un receveur,
avec un petit pinceau, garnit de colle du papier coupé
par bandes qu'il passe ensuite au conducteur, lequel s'en
sert pour bien égaliser son impression. Si dans sa forme
il entre des gravures, le prote ou le chef d'atelier a soin

Fig. 6. — Machine à journaux à deux cylindres.

Tirage : 4,000 exemplaires à l'heure.

de les lui donner en épreuve sur du papier très-fort, afin
qu'elles puissent être découpées et chargées suivant le
besoin du foulage. Le découpage des gravures se fait à
l'avance et se paye à part; et dès que le tirage de la
feuille est fait, les gravures ou petits cartons sont con-
servés pour servir à plusieurs réimpressions. La mise
en train s'opère sur le cylindre qui est garni d'une
toile, en ayant soin que les feuilles qui unissent le foulage se repèrent bien avec les pages ou les gravures sous
presse. Cela fait, on recouvre le tout d'une étoffe de laine

nommée *blanchet*, que l'on étend convenablement pour
éviter les plis.

Le service du margeur est d'aider le conducteur dans
son travail autant que son savoir le lui permet; de bien
marger son papier, c'est-à-dire de le pousser bien juste
le long des guides ou taquets, qu'il a dû préalablement

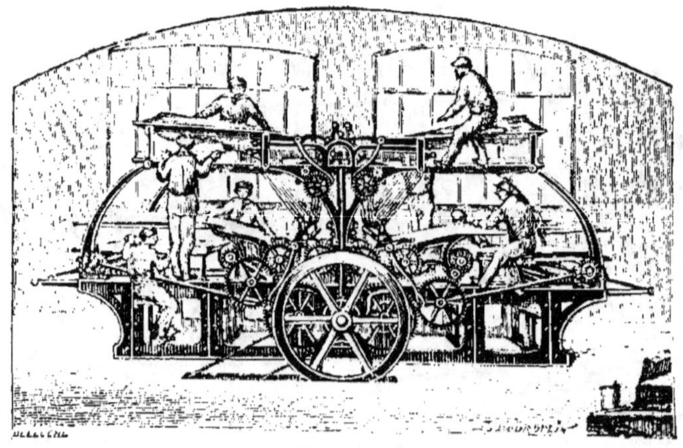

Fig. 7. — Machine à journaux à quatre cylindres.

Tirage : 6,000 exemplaires à l'heure.

ajuster suivant la grandeur du papier à tirer. Le margeur en décharge est très-utile dans l'impression des
ouvrages soignés ou à gravures. La feuille de papier à
décharge vient se rencontrer dans les cylindres avec
la feuille qui est déjà imprimée d'un côté, et part avec
elle en se mettant du côté imprimé de celle-ci ; par cette
position, elle reçoit le maculage que cette feuille pourrait donner en subissant l'impression du côté de *première* ; elles sortent ensemble, et le receveur les prend
à la décharge et très-proprement, ce qui constitue son
service.

A la mise en marche, tout le monde doit être à son poste. On met les rouleaux sur la machine. Ces rouleaux sont faits moitié de colle-forte, moitié de mélasse, fondues ensemble au bain-marie; ils sont coulés dans des moules sur des tringles disposées à cet usage. Il y en a

Fig. 8. — Machine à journaux à grande vitesse.

Tirage : 18,000 exemplaires à l'heure.

de plusieurs grosseurs; celui qui prend l'encre, appelé *preneur*, et qui est toujours plus petit, se lève le long de l'encrier[1], qui, tournant continuellement, le couvre d'encre; sitôt *encré*, il se baisse pour déposer l'encre sur la table, qui va et vient, et où deux autres rouleaux, ap-

1. L'encrier est une auge dans laquelle tourne un cylindre ayant une face libre. Cet encrier est muni d'une lame qui laisse passer plus ou moins d'encre, suivant les besoins du preneur.

pelés *distributeurs*, l'étalent ensuite ; trois autres rouleaux, du nom de *toucheurs*, s'*encrent* à leur tour sur la table, puis vont *encrer* les formes qui s'impriment sur la feuille blanche. Si la machine est double, il lui faut double jeu de rouleaux et double encrier. Quand il y a eu des corrections, le conducteur doit faire vérifier si elles sont bien faites, ensuite passer une bonne feuille au prote ou chef d'atelier, et ne pas commencer à rouler sans leurs ordres. Il doit s'assurer également du nombre d'exemplaires inscrit sur sa tierce et voir si elle ne porte pas d'instructions concernant les changements à faire sous presse.

Pendant que l'on roule, le conducteur doit surveiller constamment l'exécution de son tirage ; et, si la machine est munie d'un compteur, y porter beaucoup d'attention et bien constater le nombre de son tirage, car il en a la responsabilité.

Aussitôt le tirage terminé, les feuilles sont livrées au brocheur, qui signe un reçu de la feuille et du nombre du tirage.

XIV.

De l'impression.

L'impression, comme les papiers, a la rame pour unité.

Elle s'obtient de deux manières : *en blanc* et *en retiration*.

Imprimer en blanc, c'est n'imprimer à la fois qu'un côté de la feuille ; on imprime en retiration quand on imprime à la fois les deux côtés de la feuille.

Les ouvrages de luxe s'impriment plus volontiers en blanc, les ouvrages ordinaires en retiration.

XV.

Notions sur le brochage.

Les feuilles imprimées sont envoyées à la brochure, d'abord pour y faire sécher leur apprêt et l'encre, puis pour faire disparaître le foulage de l'impression, en les plaçant entre des cartons. A mesure que ces préparations s'achèvent, on procède au pliage des feuilles, qui sont ensuite disposées en tas et par rang de tirage, sur une table circulaire. Le brocheur ou la brocheuse les assemble en volume en en prenant une sur chaque tas et en commençant par la feuille 1; chaque tour, chaque volume. Viennent ensuite le travail de la couture, celui du revêtement du volume par une couverture en papier de couleur, et enfin l'ébarbage des feuilles

XVI.

Loi sur le timbre.

Les affiches doivent être imprimées sur papier de couleur. L'administration supérieure seule peut les imprimer sur papier blanc.

Le droit de timbre du papier des affiches est fixé de la manière suivante :

Par feuille de douze décimètres et demi carrés et au-dessous, 6 centimes.

Au-dessus de douze décimètres et demi et jusqu'à vingt-cinq décimètres carrés, 12 centimes.

Au-dessus de vingt-cinq décimètres jusqu'à cinquante décimètres carrés, 18 centimes.

Au delà de cette dernière dimension, 24 centimes.

Dans le cas où une affiche contiendrait plusieurs annonces distinctes, le maximum ci-dessus fixé sera toujours exigible. Ce maximum sera doublé si l'affiche contient plus de cinq annonces.

Les affiches peuvent être imprimées sur papier non timbré ; mais il est nécessaire que le timbre y soit apposé avant l'affichage.

Néanmoins, sont maintenues, en cas de contraventions aux paragraphes qui précèdent, les amendes et pénalités édictées par l'article 69 de la loi du 28 avril 1816, modifiées par l'article 10 de la loi du 16 juin 1824. (*Bulletin des lois,* XIe série, n° 1409.)

XVII.

Du dépôt.

Il n'est pas nécessaire, pour conserver la propriété exclusive de son ouvrage et le droit de poursuite en contrefaçon, qu'un auteur dépose directement deux exemplaires à la Bibliothèque nationale, indépendamment du dépôt prescrit aux imprimeurs ; il suffit que l'imprimeur ou l'éditeur effectue ce dépôt, qui est d'obligation pour eux.

L'ordonnance du 24 octobre 1814 fixait à *cinq* le nombre des exemplaires qui devaient être déposés ; mais l'ordonnance du 9 janvier 1828 a réduit ce nombre à *deux* exemplaires, que l'imprimeur ou l'éditeur est tenu de déposer, à Paris, à la Direction de la librairie, et dans les départements, au Secrétariat de la préfecture.

XVIII.

Renseignements divers.

Le prix de la composition se compte par mille de lettres ; c'est l'*n* des alphabets qui est pris pour type.

—

Une page in-8 ou in-18 vaut de 2 fr. 50 à 3 fr., selon le caractère.

—

Le prix du papier mécanique varie de 0ᶠ,90 à 1ᶠ,50 le kilog., suivant la qualité de la pâte. Les papiers vergés et vélins vont de 1ᶠ,50 à 4ᶠ,50 le kilog. Le paquet de papier de Chine (100 feuilles) vaut de 38 à 45 francs.

—

On glace le papier au moyen de feuilles de zinc, épaisseur nᵒ 9, auxquelles on donne le format du papier Après en avoir fait usage, on ne perd que deux cinquièmes du prix d'achat.

—

Les cartons à satiner se vendent à la pièce : le raisin, 0ᶠ,40, le jésus, 0ᶠ,55, et le colombier, 0ᶠ,80. Ils peuvent, si l'on en prend soin, servir très-longtemps.

XIX.

Tarif des tirages.

Il est difficile d'établir un tarif exact du prix du tirage dans Paris. Il existe un tel écart d'une imprimerie à l'autre, dans le prix des rames de tous les formats, qu'il serait tout à fait insensé de vouloir en dresser un tableau-type. Cependant je crois pouvoir, d'après les données que j'ai puisées à bonne source, indiquer comme une moyenne, pour mobile et pour clichés, les chiffres suivants :

1 feuille carré à 1 rame[1].	9 fr.
— 2 rames.	12 fr.
— 4 rames.	22 fr.
— 6 rames.	30 fr.

Au-dessus de 6 rames, 4 fr. 50 par rame.

1 feuille raisin à 1 rame.	10 fr.
— 2 rames.	13 fr.
— 3 rames.	24 fr.
— 6 rames.	32 fr.

Au-dessus de 6 rames, 5 fr. par rame.

1 feuille jésus à 1 rame.	12 fr.
— 2 rames.	16 fr.
— 4 rames.	28 fr.
— 6 rames.	36 fr.

Au-dessus, 5 fr. 50 la rame jusqu'à 10 rames. Toutes les rames au-dessus de 10 sont payées 5 fr.

1 feuille colombier à 1 rame. . . .	16 fr.
— 2 rames. . . .	22 fr.
— 4 rames. . . .	32 fr.
— 6 rames. . . .	42 fr.

Au-dessus de 6 rames, 6 fr. la rame jusqu'à 10; puis 5 fr. 50.

1. Il est accordé à l'imprimeur, pour la mise en train, une main par rame, ou 5 pour 100. Cela s'appelle *la passe*.

TARIF SPÉCIAL DES RELIURES.

Reliures en toile pour tous les volumes in-12 des collections CHARPENTIER, HETZEL, MICHEL LÉVY, etc., 60 c.

DÉSIGNATION.	IN-32.	IN-18.	IN-12.	IN-OCTAVO.			IN-QUARTO.		
				CARRÉ.	RAISIN.	JÉSUS.	CARRÉ.	RAISIN.	JÉSUS.
	fr. c.	fr. c.	fr. c.	fr. c.	fr. c.	fr. c.	fr. c.	fr. c.	fr. c.
Demi-reliure dos toile chagrin, plat papier, tranche jaspée….................	» 50	» 60	» 75	» 30	1 »	1 25	1 75	2 »	2 25
Demi-reliure dos basane, plat papier, tranche jaspée….................	» 60	» 70	» 85	1 »	1 25	1 50	2 25	2 75	3 25
Demi-reliure dos maroquin, plat papier, tranche jaspée….................	» 75	» 90	1 15	1 50	1 75	2 25	3 »	3 50	4 »
		fr. c.			fr. c.			fr. c.	
Augmentation pour le plat en toile, en plus sur les prix des demi-maroquins..		» 25			» 50			1 »	
Pour les demi-veau, plat papier, avec pièces en plus sur le prix des demi-maroquins….................		» 25			» 75			1 »	
Pour la tranche dorée ou la tranche peigne, en plus….................		» 50			» 75			1 »	
	fr. c.	fr. c.	fr. c.	fr. c.	fr. c.	fr. c.	fr. c.	fr. c.	fr. c.
Maroquin plein, tranche dorée…..........	2 50	3 50	5 »	8 »	10 »	12 »	» »	» »	» »
Les reliures de luxe Capé, Réparlier, Hardy, etc., ont des prix beaucoup plus élevés, dont le minimum est, par exemple, pour le maroquin tranche dorée…	15 »	20 »	25 »	30 »	35 »	40 »	» »	» »	» »

Ces prix augmentent suivant le genre d'ornementation. Nous avons vu des reliures, sortant de ces ateliers, qui coûtaient 1,000 et 1,200 francs chaque volume.

PRIX COURANTS DE BROCHAGE.

BROCHAGE (LE CENT DE VOLUMES) — **ASSEMBLAGE ET SATINAGE NON COMPRIS.**

NOMBRE DE FEUILLES.	IN-4 ET IN-8 JÉSUS.	IN-8 RAISIN.	IN-8 ORDINAIRE.	IN-12 EN UN.	IN-12 EN DEUX.	IN-18 EN DEUX.	IN-18 EN TROIS.	IN-32.
	fr. c.	fr. c.	fr. c.	fr. c.	fr. c.	fr. c.	fr. c.	fr. c.
1	» »	» »	» »	» »	» »	» »	2 »	2 »
2	» »	» »	» »	» »	2 75	2 75	2 75	2 75
3	3 25	2 50	2 25	2 50	3 25	3 25	3 50	3 25
4	3 25	2 75	2 50	2 75	3 25	3 50	4 25	4 »
5	3 50	2 75	2 50	3 »	3 50	4 »	5 »	4 75
6	3 75	3 25	2 75	3 25	4 »	4 75	5 75	5 50
7	3 75	3 25	3 »	3 50	4 25	5 25	6 50	6 25
8	4 »	3 50	3 »	3 75	4 50	6 »	7 25	7 »
9	4 25	3 75	3 25	4 »	4 75	6 50	8 »	7 75
10	4 25	4 »	3 50	4 25	5 25	7 25	8 75	8 50
11	4 50	4 25	3 50	4 50	5 50	7 75	9 50	9 25
12	4 50	4 25	3 75	4 75	6 »	8 25	10 25	10 »
13	4 75	4 50	3 75	5 »	6 25	9 »	11 »	10 75
14	5 »	4 75	4 »	5 25	6 50	9 50	11 75	11 50
15	5 25	5 »	4 »	5 50	6 75	10 25	12 50	12 25
16	5 50	5 25	4 25	5 75	7 »	10 75	13 25	» »
17	5 75	5 25	4 50	6 »	7 25	11 25	14 »	» »
18	6 »	5 25	4 50	6 25	7 50	12 »	14 75	» »
19	6 25	5 50	4 75	6 50	7 75	12 50	15 50	» »
20	6 50	5 50	5 »	7 50	8 »	13 25	16 25	» »
21 à 25	7 75	6 50	6 »	8 75	9 25	16 »	20 »	» »
26 à 30	9 »	7 50	7 »	10 »	10 50	19 »	23 75	» »
31 à 35	10 25	8 50	7 50	11 »	11 75	» »	» »	» »
36 à 40	11 50	9 50	8 25	12 »	13 »	» »	» »	» »
41 à 45	12 75	10 50	9 »	13 »	14 25	» »	» »	» »
46 à 50	14 »	11 50	10 »	» »	15 50	» »	» »	» »
51 à 60	16 »	13 »	11 75	» »	» »	» »	» »	» »
61 à 70	18 »	15 »	13 50	» »	» »	» »	» »	» »
71 à 80	20 »	17 »	15 »	» »	» »	» »	» »	» »
81 à 90	22 »	19 »	16 50	» »	» »	» »	» »	» »
91 à 100	24 »	20 50	18 »	» »	» »	» »	» »	» »
BROCHAGE À L'ANGLAISE, sans garde. Les volumes brochés ainsi subiront la réduction ci-contre, quelque [...]	Broch. angl. 1 franc de moins par [...]	Broch. angl. 75 centimes de moins par [...]	Broch. angl. 75 centimes de moins par [...]	Broch. angl. 50 centimes de moins par 100 volumes.	Broch. angl. 50 centimes de moins par 100 volumes.	Broch. angl. 50 centimes de moins par 100 volumes.	Broch. angl. 50 centimes de moins par 100 volumes.	Broch. angl. 10 centimes de moins par 100 volumes.

PRIX COURANTS.

SATINAGE (LA RAME).

	fr. c.
Carré ou raisin........................ ..	» 70
Jésus........................	» 85
Colombier ou jésus pittoresque...............	1 10

ASSEMBLAGE (LA RAME).

	fr. c.
Carré ou raisin........................	» 40
Jésus........................	» 45
Ballots de 6 rames carrées, 50 c. Paq. de 2 ram. jés..	» 25

PIQURE (LE CENT).

NOMBRE DE FEUILLES.	IN-4 et IN-8.		IN-12 et IN-18.	
	non rogné.	rogné.	non rogné.	rogné.
	fr. c.	fr. c.	fr. c.	fr. c.
1.............	» 50	» 75	1 »	1 25
2.............	» 75	1 »	1 75	2 25
3.............	» 75	1 25	2 50	3 25
4.............	1 »	1 50	3 25	4 25
5.............	1 25	1 75	4 »	5 »
6.............	1 25	2 »	» »	» »
7.............	1 50	2 25	» »	» »
8.............	1 75	2 75	» »	» »
9.............	2 »	3 25	» »	» »
10.............	2 25	3 50	» »	» »

OUVRAGES DE VILLE (LE MILLE).

TÊTES DE LETTRES PROSPECTUS, FACTURES, ETC.	IN-4 et IN-8 jés.		IN-8.		IN-18, IN-12, IN-18, IN-32.	
	Pliage.	Rognage.	Pliage.	Rognage.	Pliage.	Rognage.
	fr. c.	fr. c.	fr. c.	fr. c.	fr. c.	fr. c.
Feuille simple........	» 75	1 »	» 75	» 75	» 75	» 60
Feuille double.......	1 »	1 50	1 »	1 »	1 »	» 75

ENCARTAGE (LE CENT)

OU FAÇON DE LIVRAISONS, PLIAGE ET ASSEMBLAGE COMPRIS.

1 FEUILLE.	2 FEUILLES.	3 FEUILLES.	4 FEUILLES.	5 FEUILLES.	6 FEUILLES.
fr. c.	fr. c.	fr. c.	fr. c.	fr. c.	fr. c.
» 40	» 50	» 60	» 75	» 90	1 »

Tarif de clicherie.

Depuis quelques années, le clichage a pris des développements considérables. Cette industrie est arrivée, par suite d'une concurrence écrasante, aux dernières limites du bon marché.

Voici les prix généralement adoptés :

Pour une page de 14 centimètres de hauteur sur 8 de largeur, 1 fr. Une feuille in-8 ordinaire, sur carré, revient donc à 16 fr. Lorsque, comme il arrive souvent, on ne demande d'abord que l'*empreinte* des formes, cette opération est comptée pour le tiers seulement du cliché lui-même, c'est-à-dire que, le cliché d'une feuille quelconque coûtant 20 fr., l'empreinte ne sera payée que 6 fr. 70 c.

Le montage sur bois des clichés coûte, pour une page in-8 carré ordinaire, 35 à 40 centimes; grand in-8, 60 centimes. Tous les prix ci-dessus sont basés sur la moyenne de ce que l'on fait généralement payer.

Tarif de galvanoplastie.

Quant à la galvanoplastie, c'est le centimètre qui sert de base pour les prix. Il y a quelques années, le centimètre carré se payait 5 centimes; puis il est descendu à 3 centimes, et même à 2 centimes pour format in-8, c'est-à-dire, un galvano de 20 centimètres sur 13, produisant 260 centimètres à 2 centimes, coûte 5 fr. 20 c. tout monté sur bois de chêne.

Tarif de glaçage.

Les imprimeries quelque peu considérables glacent elles-mêmes leur papier. Elles y trouvent évidemment un bénéfice, lorsque surtout elles peuvent alimenter leur machine à glacer.

Les glaceurs proprement dits cotent, ainsi qu'il suit, leurs formats :

Colombier (la rame).	1 fr. »
Jésus.	» 80
Raisin et carré.	» 75

Pour tous les autres formats, le chiffre de 75 centimes est maintenu.

Calculs.

1. Combien valent 15 rames 8 mains de papier à 18^f,25 la rame ?

Solution : La main valant les 0,05 de la rame, 8 mains seront représentées par $0,05 \times 8 = 0,40$.

C'est donc 15 rames 40 à 18^f,25 $= 18,25 \times 15,40 = 281^f,05$.

2. Un ouvrage tiré à 20,000 exemplaires ne se compose que d'un volume de 500 pages in-8 ; combien coûtera le papier nécessaire à l'impression, à raison de 12^f,50 la rame ?

Solution : Pour 500 pages in-8, il faut de feuilles $500 : 16 = 31,25$ feuilles ou 31 feuilles 1/4.

20,000 ex. de 31,25 $= 31,25 \times 20,000 = 625,000$ feuilles ou 1,250 rames.

1,250 rames à 12^f,50 $= 12,50 \times 1,250 = 15,625$ fr.

Remarque. 20,000 ex. de 500 pages in-16 coûteraient moitié.

3. A 0^f,90 le kilog. de papier, combien pèse une rame qui a coûté 7^f,65, et quel est le poids de la feuille ?

Raisonnement. La rame pèse autant de kilog. qu'elle a coûté de fois 0^f,90 = 7^f,65 ÷ 0,90 = 8 kilog. 5.

En doublant les kilog. que pèse la rame, on obtient les grammes que pèse la feuille : 8,5 × 2 = 17 gram. (voir § VII).

4. A 0^f,03 le centimètre carré, combien coûterait un galvano de 14 centimètres de hauteur sur 8 de largeur?

Solution : 14 sur 8 = 14 × 8 = 112 centimètres carrés × 112 à 0^f,03 = 0,03 × 112 = 3^f,36.

Fig. 9.)— Machine rotative sans plieuse, imprimant avec papier continu.

Signes de la correction.

Afin de faciliter le travail de la correction, on est convenu d'adopter certains signes, que tous les ouvriers typographes connaissent et qu'un auteur ne doit pas ignorer. Nous donnons ici un exemple de ceux qui sont les plus usités, les autres n'étant guère utiles qu'aux correcteurs.

	L'imprimérie.	Lettre à retourner
	Amélîration	Lettre à ajouter.
	Plusieur/ modèles	Lettre à ajouter.
	Mon père	Séparation
	Inclus triel	Réunion.
	courage Prenez	Transposition.
	Impossssibilité	Lettre à enlever.
italiq.	J'ai écrit : Malheureux.	Caractère italique.
	Maintennant, dittes.	Lettres à enlever.
de	Revenu Lyon	A ajouter.
	Il suppodrfait	A transposer
	Parlez/ je le veux.	A ajouter.
	Répondez/ moi.	A changer
	La liberté plaît.	A changer
	N'insistez pas.	A ajouter.

Les autres signes servent rarement.

UN MOT AUX AUTEURS.

L'auteur qui fait imprimer pour la première fois est assez désagréablement surpris s'il arrive que les frais de la correction typographique s'élèvent au quart ou au tiers du prix de revient, alors qu'elle ne doit régulièrement représenter que le cinquième.

Pour se soustraire à cet inconvénient, il est trois précautions à prendre :

D'abord, ne livrer le manuscrit au compositeur qu'après l'avoir relu fort attentivement, soumis à l'examen d'un homme compétent, et épuré d'une manière tout à fait définitive;

Secondement, ne pas hésiter, par une fausse économie, à faire recopier lisiblement et correctement son manuscrit, pour peu que l'écriture en laisse à désirer;

Enfin, en lisant son épreuve, éviter d'occasionner des remaniements, soit en introduisant de nouveaux alinéas, soit en abrégeant ou étendant le texte, au lieu de se borner à substituer un mot à un autre, une ligne à une ligne, etc.

Il importe d'observer ces instructions, si l'on veut marcher régulièrement et éviter des frais accessoires.

DES IMPRIMEURS DE PARIS

Rive droite.

ALCAN-LÉVY, r. Lafayette, 61.
BALITOUT, rue de Valois (Palais-Royal), 18.
BEILLET, r. Blondel, 19.
BÉLON, r. du Faubourg Saint-Denis, 6.
BERNARD (E.) et Cⁱᵉ, r. Lacondamine, 71.
BLOT, r. Bleue, 7.
CALMANN-LÉVY, r. Auber, 3.
CAPITAINE, r. des Bourdonnais, 12.
CASSIGNEUL, r. Lafayette, 61.
CERF-LÉVY, r. Paradis, 14.
CHAIX, r. Bergère, 20 et r. de la Sainte-Chapelle, 5.
CHAUMONT (Alb.), r. de Crimée, 178.
CHAUMONT, r. Saint-Spire, 6.
CLAVEL, cité d'Hauteville, 9.
CUSSET, r. Montmartre, 142.
DELACROIX, r. Caumartin, 13.
DEPLANCHE, pass. du Caire, 71 et 73.
DUBREUIL, r. des Martyrs, 18.

Rive droite.

DUBUISSON, r. Coq-Héron, 5.
DUPONT (Paul), rue J.-J. Rousseau, 45.
DURUY, r. Dussoubs, 22.
DUVAL, r. de l'Échiquier, 17.
ETHIOU-PÉROU, r. Damiette, 2 et 4.
Figaro, r. Drouot, 26.
GÉRAULT (Vᵉ) et Fils, r. de Montmorency, 10.
GUÉRIN (L.), r. du Petit-Carreau, 26.
HALPHEN, p. du Saumon, 10.
HENNUYER, r. Darcet, 7.
HUGONIS, r. Martel, 6.
IMPRIMERIE NATIONALE, rue Vieille-du-Temple, 87.
IMPRIMERIE DE LA BANQUE, r. de la Vrillière.
IMPRIMERIE NOUVELLE, rue Cadet, 11.
IMPRIMERIES RÉUNIES, r. du Four, 51.
JACQUET-DELASARRE, r. du Petit-Carreau, 29.
JOUAUST, r. St-Honoré, 338.

Rive droite.

KUGELMANN, r. Grange-Ba-
telière, 12.
LAPIROT et C*, Cour des Mi-
racles, 9.
L'*Art* (Journ.), 41, r. de la
Victoire, 41.
LECLERCQ, r. Drouot, 25.
LENORMANT (*J. des Débats*),
r. des Prêtres-Saint-Ger-
main-l'Auxerrois, 17.
LUTIER, r. de Laborde, 36.
MARÉCHAL et MONTORIER,
p. des Petites-Écuries, 16.
MAYET, r. du Petit-Musc, 33.
MERSCH, pl. Denfert-Roche-
reau, 22.
MICHELS, pas. du Caire, 8, 10.
MORRIS, r. Amelot, 64.
PERREAU, r. Greneta, 58.
PICHON, r. de la Vrillière, 2.
PICHOT, quai de Jemmapes,
72.
PINAUD, r. Saint-Sauveur, 18.
PRISSETTE, pas. du Caire, 17.
RENOU (MAULDE), r. de Ri-
voli, 141.
RICHARD, r. de la Perle, 5.
RIGAL, pas. du Caire, 56.
ROUSSEL (l'abbé), r. de la
Fontaine, 60. Auteuil.
SARAZIN et C*, r. Molière, 23.
SCHILLER, r. du Faubourg-
Montmartre, 10.
SCHLAEBER, r. Saint-Honoré,
257.

Rive droite.

SERINGE, place du Caire, 2.
SYMONDS, r. Rochechouart,
90.
THIVET-RAPIDE, r. Drouot, 8.
TIMBRES-POSTE (impr.), r.
d'Hauteville.
VAUTHRIN, r. du Temple, 81.
VERT (V* E.), r. N.-D.-de-
de Nazareth, 29.
VERT (J.), r. François-Mi-
ron, 8.
VOISVENEL, r. Chauchat, 24.
WATTIER, r. des Déchar-
geurs, 4.
ZABIEHA (V*), r. du Cloître-
Saint-Merri, 16.

Rive gauche.

BLANPAIN, r. Jeanne, 7.
BAUDOIN (Dumaine), r.
Christine, 2.
CAPIOMONT et RENAULT, r.
des Poitevins, 6.
CHAMEROT, r. des Saints-
Pères, 19.
CHARTON (*Magasin Pitto-
resque*), r. des Grands-Au-
gustins, 29.
COLLOMBON et BRULÉ, r. de
l'Abbaye, 22.
MOUILLOT (*Moniteur*), q. Vol-
taire, 13.
DAVY, r. Madame, 52.
DÉCEMBRE (V*), r. de Vau-
girard, 326.

Rive gauche.

DELALAIN FRÈRES, r. des Écoles, 56.

DESOYE et FILS, r. des Fossés-Saint-Jacques, 18.

GAUTHIER-VILLARS, quai des Grands-Augustins, 55.

GOUPY, r. de Rennes, 71.

G. ROUGIER ET Cie, r. Cassette, 1.

JOUSSET, r. de la Santé, 36, et r. Furstenberg, 8.

LAHURE, r. de Fleurus, 9.

GUILLOT, r. des Canettes, 7.

LAROUSSE, r. du Mont-Parnasse, 19.

LÉAUTEY, r. St-Guillaume, 24.

LEVÉ, r. Cassette, 17.

MARPON ET FLAMMARION, r. Racine, 26.

MICHELS, im. de la Gr.-Tête.

MOQUET, r. des Fossés-Saint-Jacques, 11.

MORONVAL, r. Galande, 65.

NOBLET, r. Cujas, 13.

PELLUARD, r. St-Jacques, 225.

PICHON (Jc), boulev. Saint-Michel, 3.

Rive gauche.

PILLET et DUMOULIN, r. des Grands-Augustins, 5.

PLON, NOURRIT et Cie, r. Garancière, 8 et 10.

QUANTIN, r. Saint-Benoît, 7.

SCHMIDT, r. Perronet, 5.

UNSINGER, r. du Bac, 83.

BAUGIER, quai Voltaire, 31.

BANLIEUE. — Seine.

BELIN-MANDAR, à St-Cloud.

BROCHIN, à Saint-Denis.

CHARAIRE, à Sceaux.

GERMAIN, à Vincennes.

LAMBERT, à Saint-Denis.

LÉVY frères, à Vincennes.

Seine-et-Marne.

AUREAU, à Lagny.

BOURGES, à Fontainebleau.

BRODARD, à Coulommiers.

Seine-et-Oise.

BARDIN, à Saint-Germain.

CRÉTÉ, à Corbeil.

LEJAY, à Poissy.

WORMS, à Argenteuil.

CERF frères, à Versailles.

NOMS ET ADRESSES

MARCHANDS DE PAPIERS EN GROS

ALAMIGEON, CHAMBARD et JOSSERAND, r. Montmorency, 5.

A. BARTHÉLEMY (pap. de couleurs), r. St-Séverin, 10.

A. BÉCOULET et Cie, r. de Richelieu, 15.

BERTHOLET fr., r. Perrault, 1.

BICHELBERGER et CHAMPON, r. des Halles, 11.

BLANCHET Fr., et KLÉBER, boul. des Capucines, 35.

BRETON frères et C*, r. des Grands-Augustins, 19.

CANSON et MONTGOLFIER, r. de Palestro, 39.

CHOUANARD (E.) r. Thénard, 6.

DARBLAY, père et fils, pap. d'Essonne, dépôt, r. du Louvre, 3.

A. DARSY, r. Christine, 3.

DE LA RUE et C* (p. Whatman), r. d'Enghien, 37.

L. DESBORDES, r. de Rivoli, 134.

F. DIDOT et C*, r. de Beaune, 2.

DUCROQUET et C*, r. Elzévir, 6.

DUMONT, r. Tiquetonne, 60.

F. ESSERTIER, r. d'Orléans-Saint-Honoré, 17.

ÉTIENNE fils, r. de l'Échiquier, 12.

FAILLIOT J* et fils, r. de la Verrerie, 55.

GAUDINEAU-TONNELIER, r. de Seine, 13.

L. GERVAL et C*, r. des Archives, 16.

G. GRATIOT et C*, r. du Mail, 1.

HAVMANN frères, r. du Temple, 71.

KRANTZ, r. Dauphine, 31.

E. LAIR, r. Saint-André-des-Arts, 60.

LAPIERRE, b. Montparn., 128.

LAROCHE-JOUBERT et C*, r. Jean-Lantier, 7 et 9.

J. LÉVY, r. Thévenot, 24.

LIPS, r. Nicolas Flamel, 5.

MALARD, r. Dauphine, 18.

MALMENAYDE, r. Rambuteau, 30.

MARTIN, r. Monge, 92.

MIRAULT, r. des 2 Boules, 7.

MONTGOLFIER frères, r. de Seine, 18.

MONTGOLFIER père et fils, r. de Palestro, 39.

MOREL, BERCIOUX et MASURE, r. azarine, 30.

NACIVET (cart. photogr.), r. Saint-André-des-Arts, 49.

G. OLMER, r. du P*-de-Lodi, 5.

OUTHENIN-CHALANDRE et C*, r. N.-D. des Victoires, 16.

POMMIER (Mais. Dufay), r. Neuve-Saint-Merri, 12.

J. POUCET, r. Michel-le-Comte, 22.

V* PRIOUX et fils, quai des Augustins, 47.

RIQUET-ROHAUT, avenue de Bourville, 8.

SEDILLE et C*, r. de Cléry, 6.

TIXIER (fab. du Souche), r. Bertin-Poirée, 10.

J. VAISSIER, r. Ch.-d'Eau, 48.

WOLFF père et fils et MARNOURY, r. des Archives, 10.

NOMS ET ADRESSES

DES LIBRAIRES ET ÉDITEURS

Armengaud, r. Saint-Sébas-
tien, 45.

Arnaud, Palais-Royal, 215.

Arnoud, b. Poissonnière, 14.

Asselin et Houzeau, r. An-
toine-Dubois, 2.

Baillière fils, r. Haute-
feuille, 19.

Baillieu, quai des Grands-
Augustins, 43.

Baranger, r. Lafayette, 132.

Baschet (Lud.), boul. Saint-
Germain, 125.

Baudoin (libr. mil{{re}}), r. Dauphine, 30.

Baudry et C{{e}}, r. des Saints-
Pères, 15.

Belhatte et Thomas, r. de
l'Abbaye, 14.

Belin (Th.), q. Voltaire, 29.

Berger-Levrault et C{{e}}, r.
des Beaux-Arts, 5.

Bernard (E.) et C{{e}}, r. de La-
coudamine, 71.

Bernardin-Béchet, quai des
Grands-Augustins, 31.

Berteaux (lib. géogr.), r.
Serpente, 25.

Bertet-Dupiney de Voré-

Pierre, r. St-Honoré, 203.

Bihn (L.), r. Richelieu, 67.

Blériot et Gauthier, q. des
Grands-Augustins, 55.

Bonhoure, r. de Fleurus, 5.

Borrani, r. des St-Pères, 9.

Bouasse-Lebel, r. Saint-
Sulpice, 29.

Bouret, r. Visconti, 23.

Bridoux, quai Conti, 5.

Brunox, r. Guénégaud, 7.

Cagnon, pl. St-Michel, 5.

Calmann-Lévy, r. Auber, 3.

Capendu, r. des Haudriettes,
3.

Casterman (V{{e}}), r. Bonaparte, 66.

Cerf (L.), r. de Médicis, 13.

Chaix et C{{e}}, r. Bergère, 20.

Challamel, r. Jacob, 5.

Chamerot, r. des Saints-
Pères, 19.

Champion, q. Malaquais, 15.

Charavay frères, r. Furs-
tenberg, 4.

Charpentier (G.) et C{{e}}, r. de
Grenelle, 13.

Chossonnéry, q. des Grands-
Augustins, 47.

ROUQUETTE, p. Choiseul, 55.
ROUSSEAU (A.). r. Soufflot, 14.
ROUVEYRE, r. Jacob, 45.
SAINT-JORRE, r. de Richelieu, 91.
SAINT-DENIS et MALET, q. Voltaire, 27.
SAUSSET, b. St-Martin, 7.
SAUTON, r. du Bac, 41.
SAVY (F.), b. St-Germain, 77.
SEPPRÉ, r. des Écoles, 60.
SIMON (R.), p. Choiseul, 87.
TANERA (Vᵉ), r. de Savoie, 6.
TIGNOL, q. des Gr.-Aug., 45.
TARIDE père, r. Marengo, 2.
TARIDE fils, b. St-Denis, 16.
TECHENER, r. de l'Arbre-Sec, 52.
TEISSIER, lib. fr.-mac., r. J.-J. Rousseau, 37.

TERQUEM, b. St-Martin, 15.
THOMAS, pl. de la Sorbonne, 6.
THORIN, r. de Médicis, 7.
TOLRA, r. de RENNES, 112.
TREMBLAY, r. de l'Éperon, 5.
TRESSE et STOCK, gal. du Théâtre-Français, 8. P.-R.
VANIER, q. St-Michel, 19.
VERNEY (F), b. St-Michel, 19.
VIC (J.), r. Cassette, 11.
VIEWEG, r. Richelieu, 67.
VIGNON, r. Hautefeuille, 4.
VIVÈS, r. Delambre, 13.
VOISIN, r. Mazarine, 37.
VOREAUX, r. Chauveau-Lagarde, 14.
WATTELLIER, r. Cherche-Midi, 5.
WEILL et MAURICE, r. Ch.-Midi, 4.

NOMS ET ADRESSES

DES BROCHEURS

APPERT, r. St-Sauveur, 20.
BENOIST, r. de Seine, 54.
BONTÉ, b. d'Enfer, 293.
BUGUET, r. Mouffetard, 128.
COUPRY, r. Legoff, 4.
CORNIC, r. du Ch.-Midi, 79.
COUTURIER, b. Montparnasse, 98.
DAX, r. M.-le-Prince, 48.
DELHOMME, r. J.-J. Rous., 37.
DEROY, r. de Fleurus, 39.

DESBOIS, r. du Jour, 25.
DEVOS, r. de Vaugirard, 131.
DUFET, r. Visconti, 26.
DUMAX, av. du Maine, 10.
FABRY, r. du Ch.-Midi, 125.
FÉE, r. d'Assas, 8.
FOUCHER, r. de Fleurus, 41.
GARY, r. des Bons-Enfants, 19.
GAUTIER, r. de Nevers, 22.
GRANDIN, r. Ste-Placide, 18.
GUÉDON, r. de Seine, 17.

Huysmans et Guillemot, r. de Sèvres, 11.

Joineau, r. Bernard-Palissy, 12.

Legendre, b. St-Germ., 114.

Leveaux, r. du Cherche-Midi, 86.

Lhuillier, r. Ant.-Dubois, 6.

Maggiaty, r. Montagne-Sainte-Geneviève, 34.

Maudoux, r. Princesse, 7.

Maillet, r. des Petits-Champs, 36.

Manesson (V⁵), r. des Gr.-Augustins, 23.

Mangin et Guyot, r. Maître-Albert, 7.

Mangin, r. P.-d.-Pois., 8.

Masson, r. Galande, 57.

Maupin aîné, r. St-Jacq., 67.

Maupin (J⁵), r. de Savoie, 12.

Médard, r. d'Assas, 28.

Misoir, r. des Carmes, 15.

Molloy, r. Dussoubs, 22.

Monniot et Klein, r. des Poitevins, 12.

Monprofit, imp. Robiquet.

Pellé, cour de Rohan, 3.

Peyroulon, r. du Crois., 8.

Prudhomme (Ivernaux), av. du Maine, 20.

Peltier, r. d'Argout, 48.

Rivoire (Vᵉ), av. de Saxe, 57.

Roret, r. Vandamme, 36.

Sampré, r. de Condé, 18.

Testard, r. Duguay-Trouin, 6 et 8.

Julien, r. des Fourn., 138.

Weill, r. d'Odessa, 11.

USTENSILES ET FOURNITURES D'IMPRIMERIE

Alauzet, méc. r. Bréa, 7.

Beaudoire, fond. de caract., r. Duguay-Trouin, 13.

Bertrand, matériel typogr., r. de l'Abbaye, 8 bis.

Buisson, clicheur, r. Bonaparte, 70 bis.

Calderon, Lévy-Finger, succ., encres et rouleaux, r. du Pont-de-Lodi, 6.

Deberny, fond. de caract., r. Visconti, 17.

Doyen, colle forte et mél., huile, etc., r. P.-de-Lodi, 3.

Dubec, mécanicien, r. des Fourneaux, 35.

Eon, fond. de caract., boul. Edgar-Quinet, 53.

Fauveau (J.-F.), fils, r. des Canettes, 15.

Foucher, lampe typogr., r. Gozlin, 21.

Fouquet, pâte à rouleaux Malsang, r. Domat, 10.

Jager, blanchets, etc., r. de la Monnaie, 17.

Laflèche-Bréham, encres, r. de Condé, 26.

Lefranc, encres, r. de Seine 12.

Lorilleux, encres et roul., r. Suger, 16.

Mayeur, fond. en caract., r. du Montparnasse, 21.

Marinoni, mécanicien, r. d'Assas.

Peignot, spéc. de blancs, filets, etc., r. Domat, 26.

Perreau fils et Brault, mécanicien, r. de Sèvres, 66.

Prudon, encres et produits chimiq., r. Mazarine, 60.

Rousset, clicheur, r. Visconti, 13.

Sénac, clicheur, r. Suger, 22.

Tournaud, ustensiles d'imp., r. de Vaugirard, 192 bis.

Turlot, fond. en caract., r. de Rennes, 142.

TABLE

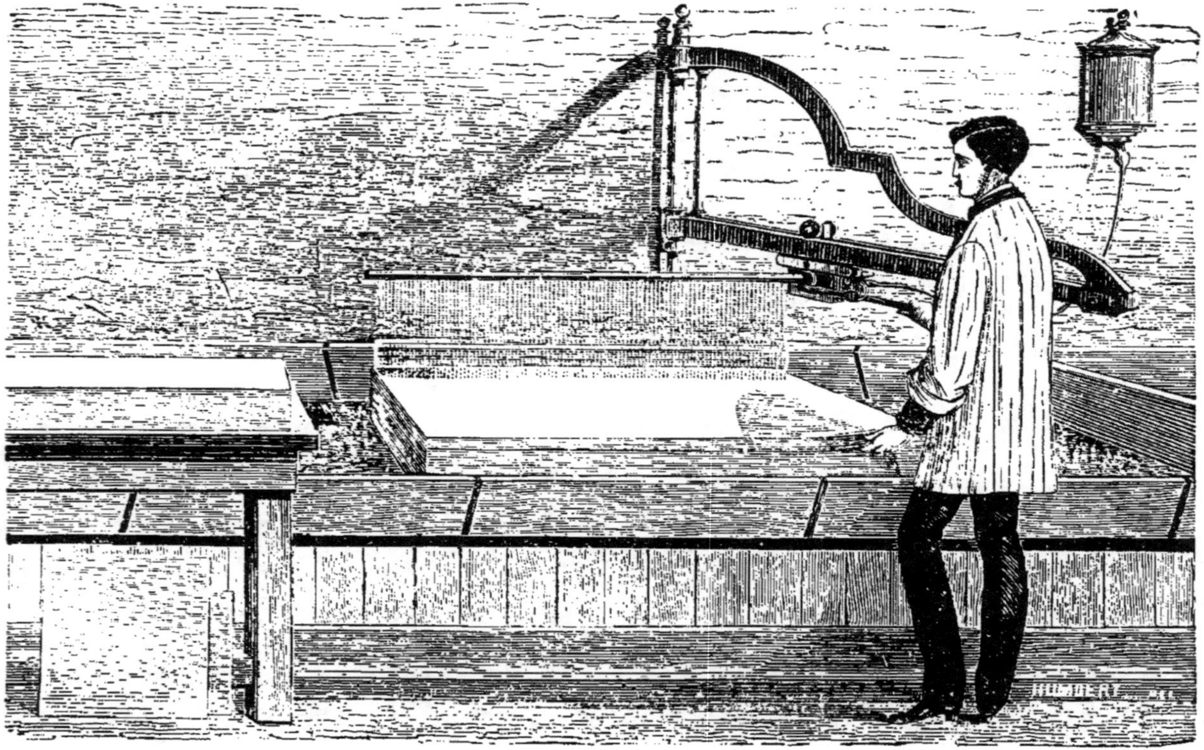

Trempeuse Munier.

S'adresser à M. Pérault, rue Jacob, 36, Paris.

IMPRIMERIE C. MARPON ET E. FLAMMARION
RUE RACINE, 26, A PARIS.